AF189210

Diagnose Schizophrenie

Neue Chancen und Hoffnungen

Karin A. Lorenz

Für Ralf.

Dieses Buch richtet sich an Patienten, denen die Diagnose Schizophrenie gestellt wurde und an deren Angehörige.

Das Buch soll motivieren und Mut machen, noch einmal unabhängig von allen bisherigen Diagnosen die Frage zu stellen: Wo liegt die eigentliche Ursache der psychotischen Symptome? Woran bin ich erkrankt?

Impressum

Texte: Karin Lorenz
Redaktion-Lorenz@gmx.de
Lektorat: A. E. Erl
Bibliografische Information der Deutschen National-bibliothek: Die Deutsche Nationalbibliothek verzeichnet diese Publikation in der Deutschen Nationalbibliografie; detaillierte bibliografische Daten sind im Internet über dnb.dnb.de abrufbar.

© 2018
Herstellung und Verlag:
BoD – Books on Demand, Norderstedt
ISBN: 9783746081311

Printed in Germany

Inhaltsverzeichnis

Ursachenforschung

Die eigentliche Ursache einer Schizophrenie ist nach wie vor unbekannt. Laut gängiger Lehrmeinung geht man von einem Zusammenspiel verschiedener Faktoren aus, auf die später noch eingegangen wird.

Völlig ausgeklammert wird bisher jedoch, dass es eine sehr einfache Erklärung für die Entstehung der psychotischen Symptome, die als Grundlage für eine Schizophrenie-Diagnose gelten, geben könnte. Diese andere Ursache für psychotische Symptome basiert auf einer rein körperlichen Erkrankung. Nämlich auf der Unfähigkeit des Gehirns, eine Tiefschlafphase bzw. Traumphase zu erreichen. Grund dafür könnte beispielsweise eine schwere, unerkannte Schlafapnoe sein.

Viele Menschen gehen davon aus, dass sie nachts nicht träumen. Doch das ist falsch. Die Hirnforschung hat bewiesen: Jeder Mensch träumt. Und das gleich mehrfach und in unterschiedlicher Intensität in jeder Schlaf-phase. Wer sich am Morgen nicht an seine Träume erinnern kann, hat lediglich einen sehr tiefen Schlaf, fanden Wissenschaftler heraus.

Besonders intensiv geträumt wird in der sogenannten REM-Phase (Rapid-Eye-Movement-Phase). Während dieser REM-Phase ist das Gehirn ähnlich aktiv wie in der Wachphase. Die Augen bewegen sich dabei sehr schnell hinter den geschlossenen Lidern, als würden sie die Bilder, die das Gehirn vorspiegelt, tatsächlich „sehen" - so wie ein Schizophrenie-Patient das in der Wachphase erlebt. Die REM-Phase tritt während des Schlafes relativ regelmäßig alle 90 Minuten ein.

Eine ausgeprägte Schlafapnoe ist eine Atemstörung, die verhindert, dass der Körper in erholsamen Tiefschlaf bzw. in eine Traumphase fallen kann: Im Moment des Einschlafens setzt die Atmung aus. Durch den Atemstopp sinkt der Sauerstoffgehalt im Blut und es kommt zu einer Mangelversorgung des Gewebes. Das Gehirn erkennt das Problem und reagiert nach wenigen Sekunden bereits mit einem Notfallprogramm. Die Schlafphase wird dabei abrupt abgebrochen, die Atemmuskulatur von Brustkorb und Zwerchfell werden aktiviert, Herzschlag-Frequenz und Blutdruck steigen an.

Im kurzen, unbewusst erlebten Wachzustand folgen nun zwei bis drei tiefe Atemzüge. Der Sauerstoffgehalt im Blut steigt infolgedessen wieder an, das Notfallprogramm wird deaktiviert und die Einschlafphase beginnt erneut. Im Extremfall kommt es nun sofort erneut zum Atemstopp und der Vorgang beginnt von vorne.

In schweren Fällen wechseln sich Einschlaf- und Aufwachphasen mehrmals pro Minute ab. Die Nacht besteht so lediglich aus einer Art „Pseudo-Schlaf". In solchen Fällen kann es also nicht zu relevanten Schlaf- bzw. Traumphasen kommen, schon gar nicht zur REM-Phase.

Welche Bedeutung Träume für das Gehirn haben, ist noch unbekannt. Aber unstrittig ist inzwischen, dass Schlaf und Träume eine sehr wichtige Rolle für das Gehirn spielen und für die Verarbeitung der Sinneseindrücke absolut notwendig sind. Informationen werden im Schlaf bewertet und Gedächtnisinhalte verfestigt. Eindrücke wandern vom Kurz- ins Langzeitgedächtnis.

Kurz: Es geht um die Vernetzung, Bewertung und Einordnung von Informationen – genau um die Bereiche, die bei Schizophrenie-Patienten fehlerhaft arbeiten. Außerdem findet im Schlaf offenbar eine Art Entrümpelung statt, wie in Studien belegt wurde: Molekulare Abfallstoffe werden ausgeschwemmt.

Nicht umsonst benötigen alle Lebewesen Schlaf.

Wird dem Gehirn die Möglichkeit zu schlafen bzw. zu träumen entzogen, ist es nur logisch, dass das auf Dauer gravierende Folgen haben muss für die Denkvorgänge, die Verarbeitung und Strukturierung des Gehirns.

Fatal an solchen extremen Formen der Schlafapnoe ist, dass diese Vorgänge in einer Art Halbschlaf geschehen und vom Betroffenen meist gar nicht bewusst wahrgenommen werden. Es gibt Apnoe-Patienten, die glauben, geschlafen zu haben, weil sie die kurzen Aufwachmomente nicht bewusst registrieren konnten. Ein morgendlicher Erschöpfungszustand deutet auf diese Form der

Schlafapnoe hin. Man fühlt sich müde und matt trotz „ausreichend Schlaf".

Die Schlafapnoe kann allerdings auch bereits beim ersten Anzeichen einer Entspannung der Muskulatur auftreten, also schon beim Ansatz der Einschlafphase. In diesem Fall wacht der Betroffene quasi im Moment des Einschlafens wieder auf und registriert nicht einmal, dass er soeben für den Bruchteil einer Sekunde eingeschlafen war. Für ihn hat es den Anschein, als läge er stundenlang nur wach im Bett. Dabei hatte er im Laufe der Nacht zahlreiche Einschlafmomente, in denen er aber jedes mal, wenn der Schlaf einsetzen wollte, neu „wachgerüttelt" wurde. Dies ist die extremste Ausprägung einer Schlafapnoe.

Wie kann es sein, dass man solche Einschlafmomente und Aufwachphasen selbst nicht registriert? Wer mit einem „Schnarcher" das Bett teilt, kennt das Phänomen: Der Partner beginnt laut zu schnarchen im Moment des Einschlafens. Wird er nun wachgerüttelt, ist er verwundert und kann nicht glauben, dass er geschnarcht haben soll – denn gefühlt war er noch gar nicht eingeschlafen, als er wachgerüttelt wurde. Er befand sich in einem Übergangszustand, in dem er aber das eigene Schnarchen nicht mehr registrieren konnte.

Für den Patienten selbst ist es deshalb in der Regel nicht möglich, zu erkennen, das eine Schlafapnoe vorliegt. Hier können Beobachtungen von Angehörigen helfen. Aber mitunter können nicht einmal Ehepartner das Problem wahrnehmen, weil die Aneinanderreihung der raschen Einschlaf- und kurzen Aufwachphasen von außen vielleicht nicht erkennbar ist. Wirkliche Sicherheit kann deshalb nur ein Test im Schlaflabor bringen.

Doch es gibt Anzeichen im Schlafverhalten, die auf eine Apnoe hinweisen können. Dazu gehören:

- **Schnarchen**

  Lautes, unregelmäßiges Schnarchen kann auf eine Anfälligkeit für Schlafapnoe hindeuten. In akuten, schweren Fällen allerdings wird eine „Schnarchphase" gar nicht erst erreicht, weil der Körper vorher schon die „Aufweckphase" aktiviert.

- **Müdigkeit trotz Schlaf**
  Trotz scheinbar ausreichendem Schlaf klagt der Patient morgens über starke Müdigkeit. Das kann ein Hinweis sein auf eine Schlaf- bzw. Traumstörung.

  Es gibt allerdings auch die umgekehrte Möglichkeit: Trotz Schlafmangel fühlt sich der Patient am Morgen hellwach. Denn Schlafmangel kann dazu führen, dass der Körper die Produktion des Hormons Dopamin verstärkt, das als körpereigenes Aufputschmittel wirkt.

- **Durchschlafprobleme**
  Weil der Körper immer wieder aufgeweckt wird, kommt es zu keiner durchgehenden Schlafphase. Der Patient wacht nachts auf, ohne einen Grund für das nächtliche Aufwachen erkennen zu können.

- **Kaum wirksame Schlaftabletten**
  Auch mit Schlaftabletten kann der Patient nicht oder nur schwer einschlafen.

Da es sich bei der Schlafapnoe nicht um ein Einschlafproblem handelt, sondern um eine Atemstörung, kann die Schlaftablette das eigentliche Problem nicht beseitigen.

Trügerische Symptome

Werden viele Schizophrenie-Erkrankungen in Wahrheit von einem körperlich bedingten, extremen Schlaf- bzw. Traumentzug verursacht, der es dem Gehirn unmöglich macht, im normalen Rahmen zu funktionieren? Obwohl viele Faktoren auf diese Möglichkeit hinweisen, gibt es zu dieser Frage leider bisher keine Studien. Um die Relevanz dieser These zu überprüfen, kann aber auf Studien zurückgegriffen werden, die sich mit den Folgen von Schlaf- bzw. Traumentzug beschäftigen. Sollte die Traumentzugsthese zutreffen und es sich um „dieselbe Krankheit" handeln, müssten zwischen Schlafentzug und den Symptomen einer Schizophrenie deutliche Parallelen zu erkennen sein – und genauso ist es, wie im folgenden Kapitel aufgezeigt wird.

Parallelen zwischen Schizophrenie und Schlafentzug

Zunächst muss man unterscheiden zwischen Schafmangel und einem vollständigen bzw. fast vollständigen Schlaf- bzw. Traumentzug. Schon bei längerem Schlafmangel zeigen sich deutliche Übereinstimmungen mit den Symptomen, die bei Schizophrenie zu finden sind.

Schlafmangel und Schizophrenie: Übereinstimmende Symptome

- Müdigkeit

- Vergesslichkeit

- Konzentrationsprobleme

- Gedankenabreißen

- Kopfschmerzen, vor allem am Morgen

- Angstzustände

- Reizbarkeit/Aggressivität

- Depressionen

- betroffene Kinder fallen als schwerfällig und träge auf

Findet nun vom Patienten unbemerkt über Tage, Wochen oder Monate nur noch ein Pseudoschlaf statt, ohne echte Traumphasen, muss man beim Vergleich der Symptome einen Schritt weitergehen und auf Studien zurückgreifen, in denen die Auswirkungen von Schlafentzug dokumentiert sind.

Eine Studie aus dem Jahr 2014 eines internationalen Forschungsteams unter Federführung der Universität Bonn und des King's College London kam beispielsweise zu dem für die Forscher überraschenden Ergebnis: „Schon wer 24 Stunden nicht schläft, kann als gesunder Mensch Symptome entwickeln, wie sie für Schizophrenie typisch sind". Veröffentlicht wurden die Ergebnisse im Fachmagazin „The Journal of Neuroscience".

Untersucht wurden 24 Probanden im Alter von 18 bis 40 Jahren. Die Teilnehmer der Studie wurden 24 Stunden lang wachgehalten und dabei medizinisch überwacht, unter anderem wurde ein Test zur Filterfunktion des Gehirns angewandt, die sogenannte Präpulsinhibition, mit der aufgezeigt werden kann, inwieweit das Gehirn in der Lage ist, Wichtiges von Unwichtigem zu unterscheiden und einer Reizüberflutung vorzubeugen.

Schon nach 24-stündigem Schlafentzug zeigte sich, dass das Gehirn diese Filterleistung nur noch sehr reduziert leisten konnte. Das heißt, die Informationsflut konnte nicht mehr richtig selektiert werden, die Probanden waren nicht mehr in der Lage, Wichtiges von Unwichtigem zu unterscheiden.

Das führt zu einem „Chaos im Kopf", fasste Prof. Dr. Ulrich Ettinger von der Abteilung Allgemeine Psychologie der Universität Bonn das Ergebnis damals gegenüber der Presse zusammen.

Eindrucksvolle Berichte gibt es auch von anderen, außerklinischen Schlafentzugs-versuchen. Hier sahen Versuchsteilnehmer nach rund 30 Stunden Schlafentzug unter anderem imaginäre lila Kühe, die eine Straße überquerten, eine Teilnehmerin wischte sich panisch die Arme ab, weil sie davon über-zeugt war, riesige Spinnen hätten sie in ein Netz gesponnen. Ein anderer Versuchsteilnehmer floh vor dem untersuchenden Arzt, weil er ihn für einen Leichenbestatter hielt.

Diese Schlafentzugsversuche wurden aufgrund der zunehmenden psychotischen Symptome schließlich abgebrochen. Unstrittig sein dürfte, dass noch schwerwiegendere und erschreckendere Symptome auftreten könnten, wenn ein Schlaf- bzw. Traumentzug nicht auf 24 oder 48 Stunden beschränkt ist, wie dies bei den Schlafentzugsversuchen der Fall war. Bekannt ist, dass absoluter Schlafentzug über langen Zeitraum sogar zum Tode führt.

Vergleicht man die wissenschaftlich gesicherten Ergebnisse solcher Traum- bzw. Schlafentzugsstudien mit den Symptomen einer Schizophrenie, lassen sich sehr deutliche Parallele feststellen.

Schlafentzug und Schizophrenie: Übereinstimmende Symptome

- **Realitätsverlust**

    Sowohl bei Schizophrenie als auch bei Traumentzug kommt es zum Realitätsverlust.

- **Wahnvorstellungen**

  Sowohl bei Schizophrenie, als auch bei Traumentzug kommt es zu Sinnestäuschungen, verbunden mit Halluzinationen und Wahnvorstellungen. Diese Sinnestäuschungen können sowohl optischer als auch akustischer Art sein.

  Gerade akustische Halluzinationen, insbesondere das Stimmenhören, gelten bisher eigentlich als klassische, ausschließlich der Schizophrenie vorbehaltene Krankheitssymptome. Diese Einschätzung müsste nach den Erkenntnissen der Schlafforschung dringend revidiert werden.

- **Denkstörungen**

  Sowohl bei der Schizophrenie, als auch bei Traumentzug kommt es zu ausgeprägten Denkstörungen.

- **Einschränkung der höheren Hirnfunktionen**

  Schlafentzug macht es dem Gehirn unmöglich, komplexe Rechenaufgaben zu lösen oder Zusammenhänge zu erkennen – auch hier gibt es Übereinstimmungen zur Schizophrenie.

- **Aufmerksamkeitsdefizit**

  Sowohl bei Schizophrenie, als auch bei Traumentzug wird ein ausgeprägtes Aufmerksamkeitsdefizit beobachtet.

- **Ausfall der Filterfunktion**

  Sowohl bei Schizophrenie, als auch bei Traumentzug ist das Gehirn nicht in der Lage, Informationen zu filtern und zwischen wichtigen und unwichtigen Informationen zu unterscheiden.

- **Erhöhte Sensibilität**

  Sowohl bei Schizophrenie, als auch bei Traumentzug berichten die Betroffenen von einer erhöhten Sensibilität für Licht, Farbe und Helligkeit.

- **Verändertes Zeitgefühl**

  Sowohl bei Schizophrenie als auch bei Traumentzug berichten die Betroffenen von einem veränderten Zeitgefühl.

- **Veränderter Geruchssinn**
  Sowohl bei Schizophrenie als auch bei Traumentzug werden Veränderungen beim Geruchssinn bemerkt.

- **Veränderte Körperwahrnehmung**
  Sowohl bei Schizophrenie, als auch bei Traumentzug kommt es zu einer veränderten Körperwahrnehmung.

- **Motorik**
  Schlafentzug führt zu Tremor – auch bei Schizophrenie kann Tremor auftreten.

- **Gleichgewichtsprobleme**
  Schlafmangel führt zu Gleichgewichtsstörungen ähnlich denen, die bei Betrunkenen zu beobachten sind. Schon nach einem 24-stündigen Schlafentzug ist ein gerader Gang teilweise nicht mehr möglich. Ein 24-stündiger Schlafentzug entspricht der Wirkung von einem Promille Alkohol, fanden Studien heraus. Hinter der Gleichgewichtsstörung eines Schizo-

phrenie-Patienten könnte sich also auch ein Schlafentzug verbergen.

● **Artikulationsprobleme**

Ähnlich wie bei Alkohol kommt es bei Schlafmangel zu Aussprache-Schwierigkeiten, zu einem Nuscheln oder zu einer verwaschenen Sprache – wie es bei Schizophrenie ebenfalls möglich ist.

● **Gedankenlesen**

Sowohl bei Schizophrenie, als auch bei Traumentzug berichten Betroffene davon, Gedanken lesen zu können. Gedankenlesen gilt bisher ebenfalls als typischer Hinweis auf das Vorliegen einer Schizophrenie – diese Lehrmeinung müsste dringend revidiert werden.

● **Dopamin-Produktion**

Laut Studien gibt es deutliche Hinweise, dass Änderungen im Dopaminsystem mit ursächlich sind bei der Entstehung einer Schizophrenie. Ein Dopaminüberschuss gilt inzwischen als „beste biologische Erklärung für psychotische Erkrankungen" (Vergl. Studie Kings College London 2015). Wieso es zum Dopaminüberschuss kommt, ist jedoch ungeklärt.

Auch hier könnte Schlafmangel eine Erklärung bieten: Bei Schlafmangel reagiert der Körper mit der vermehrten Produktion von Dopamin. Insgesamt wird der Stoffwechsel und Hormonhaushalt deutlich beeinflusst.

- **Änderungen der Gehirnstruktur**

  Als typisch für Schizophrenie gilt eine Verkleinerung des Gehirnvolumens des Hippocampus und des Thalamus (Quelle: Jama Psychiatry, Harvard Medical School, 2014 und Universität Georgiastate). Während der Hippocampus mit dem Gedächtnis für Fakten und Ereignisse verbunden ist, reguliert der Thalamus bezeichnenderweise Bewusstsein, Schlaf und Wachsamkeit.

  Gerade auf diese beiden Hirnbereiche hat Schlafmangel eine besonders starke Auswirkung – schon dauerhafter Schlafmangel führt zu einer nachweisbaren Verkleinerung des Gehirnvolumens, wie französische Forscher herausgefunden haben.

Die strukturellen Veränderungen im Gehirn eines Schizophrenie-Patienten könnten also ursächlich ausgelöst sein durch eine andere Erkrankung – durch extremen Schlafmangel bzw. Schlaf ohne Traumphasen.

● Risikofaktor Rauchen

Rauchen gilt als hoher Risikofaktor für die Entwicklung einer Schlafapnoe – was auch nachvollziehbar ist, da es sich bei einer Schlafapnoe ja um eine Atemstörung handelt. Das bedeutet, wenn es sich bei vielen Schizophrenie-Patienten in Wahrheit um Patienten mit Schlafapnoe handelt, müsste auch zwischen Schizophrenie-Erkrankungen und Rauchen ein Zusammenhang zu erkennen sein – und so ist es. Studien haben ergeben, dass die Zahl der Raucher unter Schizophrenie-Erkrankten deutlich erhöht ist im Vergleich zur Allgemeinbevölkerung.

Typischerweise gilt Rauchen als Risikofaktor für die Entwicklung einer Schlafapnoe. Dazu passt eine Studie der
Columbia Universität aus dem Jahr
2016: Sie zeigt auch einen deutlichen
Zusammenhang zwischen Nikotinauf-
nahme in der Schwangerschaft und
der Entwicklung einer Schizophrenie in
der Kindheit. Hier kann man also ebenfalls die Schlussfolgerung ziehen, dass
es sich um dieselbe Patientengruppe
handeln könnte. Sprich: Es wäre
möglich, dass diese Art der Schizophrenie-Erkrankten eben in Wahrheit
nicht ursächlich an einer Geisteskrankheit leiden, sondern ihre geistige
negative Entwicklung die Folge nächt-
licher Schlaf- bzw. Traumstörungen ist.

● **Risikofaktor Vererbung**

Schizophrenie scheint vererbbar zu
sein. Forscher gehen heute davon aus,
dass eine Schizophrenie zu 80 Prozent
vererbt ist. Handelt es sich um dieselbe
Krankheit, müsste Schlafapnoe ebenfalls vererbbar sein – und ist es auch.

Allerdings gibt es nicht „die eine Schizophrenie-Form". Positiv-Symptome und Negativ-Symptome sind mit verschiedenen Gen-Gruppen verbunden, wie Forscher der Washington School University of Medicin herausfanden. Es ist also natürlich möglich, dass Schlaf- oder Traumstörungen nicht die Erklärung für alle Arten einer „Schizophrenie" sind.

● **Folgeerkrankungen**

Schizophrenieerkrankte haben ein höheres Risiko für Durchblutungsstörungen, Schlaganfall und Herzerkrankungen. Eine Studie der Universität Toronto aus dem Jahr 2017 stellte fest, dass Kreislauferkrankungen sogar Platz eins der Todesursachen bei Schizophrenieerkrankten einnehmen. Wenn die Schizophrenie in Wahrheit eine unerkannte Schlafapnoe ist, müssten diese Folgeerkrankungen mit den Folgeerkrankungen von diagnostizierten Schlafapnoe-Patienten übereinstimmen – und sie tun es. Wie Studien ergeben haben, führt Schlafmangel langfristig zu Durchblutungsstörungen, zu einem erhöhten Risiko für Schlaganfall und Herzerkrankungen.

Die Symptome und Folgeerkrankungen der Schizophrenie und der Schlafapnoe sind so signifikant übereinstimmend, dass die Parallelen eigentlich unübersehbar sind und es offensichtlich ist, dass hier Zusammenhänge bestehen können.

Aus wissenschaftlicher Sicht ist es unverantwortlich, angesichts einer derartigen Häufung von Übereinstimmungen einfach ungeprüft von Zufällen auszugehen. Dringend erforderlich wären hier Studien, in denen untersucht wird, ob und inwieweit Zusammenhänge bestehen – und ob nicht vielleicht gerade eine Form des Traumentzugs generell ursächlich für verschiedene Formen der bisher unverstandene Krankheit Schizophrenie ist.

Noch vor dem Ergebnis solcher Studien aber ist es dringend geboten, jeden einzelnen Fall einer Schizophrenieerkrankung im Schlaflabor differenzialdiagnostisch zu überprüfen, um herauszufinden, ob nicht möglicherweise eine unerkannte schwere Schlafstörung bzw. ein krankhafter Traumentzug vorliegt.

Zumal die Übereinstimmungen, die es zwischen Schlafentzug und Schizophrenie gibt, sich nicht nur auf die „akute psychotische Phase" beschränken.

So berichten beispielsweise viele Schizophrenie-Patienten über zunehmende Schlafprobleme, die im Vorfeld einer psychotischen Phase auftreten.

Auch das bestätigt die These, dass nicht eine „Geisteskrankheit" vorliegt, sondern ein massives körperbedingtes Schlafproblem die Ursache ist. Nimmt man die dokumentierten Auswirkungen eines Schlafmangels und eines Schlafentzugs als Grundlage zur Beurteilung des Geschehens, wird der Ablauf logisch nachvollziehbar:

Der Körper leidet unter Schlafmangel. Bedingt durch diesen Schlafmangel kommt zu den „leichten" Vorboten der angeblichen Schizophrenie: Zu erhöhter Reizbarkeit, Ungeduld, Konzentrationsproblemen, Erschöpfungszuständen und den anderen bereits genannten und in der Schizophrenie bekannten Symptomen. Irgendwann kann das Gehirn dem anhaltenden Traumentzug bzw. Schlafmangel, der in extremem Phasen der Schlafapnoe auch zum kompletten Schlafentzug führen kann, nicht mehr kompensieren.

Das Gehirn ist überfordert. Es kommt zu den Folgen, wie sie bei akutem Schlafentzug beobachtet wurden – und die der Arzt nun als „offensichtliche psychotische Symptome" diagnostiziert, weil weder dem Arzt noch dem Patienten der extreme Traum- bzw. Schlafentzug bewusst ist.

Die Ergebnisse der Studie, die 2014 an der Universität Bonn durchgeführt wurde und die „psychotischen Folgen" eines Schlafentzugs dokumentiert, haben leider nicht genug Aufmerksamkeit in der Psychiatrie geweckt. Offenbar wurden die wichtigen Zusammenhänge übersehen. Sonst hätte eigentlich längst ein völliges Umdenken einsetzen müssen. Jede einzelne Schizophrenie-Diagnose müsste neu durchdacht und auf Fehler überprüft werden. Eine Untersuchung im Schlaflabor müsste zur Routine werden bei der Untersuchung jedes Schizophrenie-

Patienten. Leider ist das bis heute nicht geschehen.

Statt als möglicher Auslöser der psychotischen Symptome werden die Schlafstörungen, von denen Schizophrenie-Patienten im Vorfeld einer akuten Phase berichten, weiterhin als Folge und Begleiterscheinung der Schizophrenie abgetan. Man verteilt starke Schlaftabletten, statt ordentliche Untersuchungen einzuleiten.

Hier werden womöglich Ursache und Wirkung komplett vertauscht – und das mit einer Selbstverständlichkeit, wie es wohl in keinem anderen wissenschaftlichen Fach möglich wäre. Denn das Schlafproblem tritt ja laut Schizophrenie-Forschung eindeutig <u>vor</u> einer psychotischen Phase auf, nicht danach. Die Schlafprobleme deshalb ohne schlüssige Belege als eine Folge der Schizophrenie einzustufen, ist in etwa so, als würde ein Mechatroniker behaupten, dass der Autoschlüssel im Zündschloss stecke, sei eine Folge des gestarteten Motors.

Es ist unwissenschaftlich zu behaupten, dass ein Ereignis, das vor einem anderen Ereignis

stattfindet, die Folge des später statt-
findenden Ereignisses sein soll. Es ist unwissenschaftlich, weil es praktisch dem Natur-
gesetz widerspricht.

Trotzdem ein Patient deutliche Hinweise auf
ein Schlafproblem äußert und es mittlerweile
bekannt ist, welche gravierenden psychischen
Auswirkungen Schlafentzug haben kann, wird
eine solche körperliche Ursache bei der
Behandlung von Schizophrenie-Patienten weiterhin nicht in Erwägung gezogen.

Es müsste aber geprüft werden, wie stark das
Schlafproblem tatsächlich ist. Liegt eine Unfähigkeit vor, tiefere Schlaf- bzw. Traumphasen zu erleben? Befindet sich der Patient
vielleicht in einem dauerhaften Schlaf- oder
Traumentzug? Das Problem ist ja, dass der
Patient womöglich selbst nichts weiß über das
Ausmaß der Schlaf- bzw. Traumstörung. Eine
Untersuchung im Schlaflabor muss deshalb
zur Differenzialdiagnose unbedingt heran-
gezogen werden.

Differenzialdiagnose - ein Muss

In der psychologischen und psychiatrischen Ausbildung lernt man: Ehe eine psychische Erkrankung diagnostiziert werden kann, muss zuvor jede denkbare körperliche Erkrankung ausgeschlossen werden. Das heißt, es muss genau geprüft werden, ob nicht eine andere, körperliche Erkrankung vorliegt, die diese psychotischen Symptome auslöst.

Wie im vorhergehenden Kapitel erläutert, gibt es selbst für Symptome, die bisher laut Lehrbüchern als „eindeutige Merkmale der Schizophrenie" aufgeführt sind, mögliche andere Ursachen. Es ist deshalb unver-antwortlich, wenn bei Patienten eine Schi-zophrenie diagnostiziert wird, ehe eine Un-tersuchung im Schlaflabor stattgefunden hat.

Das Problem dürfte leider vielen Schi-zophrenie-Patienten und ihren Angehörigen bekannt sein: ist ein Patient erst einmal als schizophreniekrank eingestuft, ist es um andere Herangehensweisen und Ursachen-forschungen häufig geschehen. Der Patient wird mit seinen eigenen Beobachtungen und Wahrnehmungen nicht mehr wirklich ernst genommen – schlimmstenfalls werden der Widerstand und die Argumente gegen die verordnete Therapie einfach als Teil der Erkrankung abgetan.

Dazu kommen die schweren Nebenwirkungen, die mit der Einnahme der Psychopharmaka einhergehen und den Patienten zusätzlich an die Rolle eines psychisch Kranken fesseln. Paradoxerweise tragen gerade die sichtbaren Nebenwirkungen der Tabletten zu einem großen Teil dazu bei, dass das Umfeld die ärztliche Diagnose auf Schizophrenie bestätigt sieht. Denn was man sieht, ist ja auch „nicht normal": Bewegungsstörungen, Zungenschlund- und Blickkrämpfe, ein starker Bewegungsdrang, Erregungszustände, Zittern wie beim Parkinsonsyndrom, dazu zahlreiche andere Beschwerden, die heute von der Allgemeinheit häufig als Begleiterscheinung einer Schizophrenie gedeutet werden, obwohl sie in Wahrheit nichts anderes sind, als die Folgen der Medikamente.

Sicher haben die Medikamente ihre Berechtigung. Doch viel zu leichtfertig werden sie womöglich psychisch völlig gesunden Menschen verschrieben, die an nichts anderem leiden, als an einem fortwährenden Traumentzug. Statt in jedem einzelnen Fall bis zuletzt nach Ursachen zu forschen, wird mit der Tablettengabe als „Therapie" begonnen. Doch hier von „Therapie" zu sprechen ist eine Täuschung, denn die Tabletten unterdrücken lediglich die psychotischen Symptome. Die eigentliche Ursache, den Auslöser des Problems, beheben sie ja nicht.

Warum wird bei Psychosen nicht länger nach dem Auslöser der psychotischen Phasen gesucht?

Ein Grund dafür ist sicherlich auch die Tatsache, dass die Ursache für Schizophrenie nach wie vor unbekannt ist. Also wird auch im Einzelfall nicht längere Zeit mit „unnötigen" Untersuchungen vertan. Zu selbstsicher und vorschnell sind viele Mediziner bzw. Psychiater dabei vielleicht in ihrem Urteil. Und damit bleibt der Einsatz von Psychopharmaka weiterhin die Standard"therapie" in der Psychiatrie.

Schizophrenie-Erkrankte und deren Ange- hörigen sollten deshalb auf jeden Fall das

Schlafverhalten in einem Schlaflabor unter-
suchen lassen. Sie benötigen dazu nicht die
Zustimmung des Psychiaters oder
behandelnden Hausarztes. Suchen Sie sich
zum Beispiel via Internet ein Labor in Ihrer
Umgebung – den Termin können Sie selbst
vereinbaren. Auch den Schizophrenie-Hinter-
grund müssen Sie dabei nicht erwähnen.
Vermeiden Sie alles, was bewirken könnte,
dass Sie bzw. Ihr Angehöriger wieder
vorschnell als psychisch krank eingestuft wird.

Die Erfahrung zeigt: Mit dem behandelnden
Arzt bzw. Psychiater über das Thema Schlaf-
bzw. Traumentzug als mögliche Ursache für
die psychotischen Symptome zu sprechen, ist
äußerst schwierig – denn das würde nicht nur
die Kompetenz des Arztes infrage stellen,
sondern auch bedeuten, dass dieser seinen
Patienten vielleicht jahrelang völlig unnötig
mit Psychopharmaka belastet hat. Gegen
Schlafapnoe beispielsweise hilft schon eine
Atemmaske, die (richtig angepasst) für
durchgängige Atmung im Schlaf sorgt. Völlig
ohne Nebenwirkungen.

Wobei noch einmal darauf hingewiesen wird,
dass Schlafapnoe nur eine von mehreren

Möglichkeiten ist, die als Ursache für eine angebliche Schizophrenie infrage kommen könnten. Möglich wäre auch, dass eine andere, unbekannte Form einer Schlafstörung vorliegt, die dazu führt, dass der Patient zwar schläft, es aber zu keiner Tiefschlaf- bzw. Traumphase kommt.

Vielleicht fällt es Angehörigen schwer, zu verstehen, dass möglicherweise doch keine geistige Erkrankung vorliegt, sondern „nur" ein Traumentzug – zu viele unverständliche und erschreckende Situationen hat man in der Vergangenheit ja bereits mit dem Patienten erlebt. Ein besseres Verständnis können Angehörige entwickeln, wenn sie sich selbst von den Auswirkungen des Traumentzugs überzeugen – dies ist ja bereits in ersten Ansätzen nach einer Wachphase ab 24 Stunden möglich.

Wer sich dem Selbstversuch unterzieht, wird feststellen, dass Träume, die nicht im Schlafzustand erlebt werden können, in den Wachzustand einbrechen und für eine Vermischung beider Zustände sorgen. Der Betroffene wird zum Wanderer in einer Parallelwelt, zu der „normale" Menschen keinen Zugang haben. Stellen Sie sich vor, sie müssten Ihre Träume im Wachzustand erleben – und hätten keine Chance zu erkennen, dass es sich lediglich um Phantasiegebilde handelt.

Bezeichnenderweise spielt für Schizophrenieerkrankte das Thema „Verfolgung" oft eine zentrale Rolle. Vielleicht ebenfalls kein Zufall: Studien haben ergeben, dass Verfolgungsträume zu den häufigsten Albträumen gehören.

Chancen und Hoffnungen

Die Studien zum Schlafentzug zeigen, dass derart ausgelöste psychotische Symptome ohne Nebenwirkungen vollständig verschwinden, wenn die Phase des Schlaf- bzw. Traumentzug abgebrochen wird. Bei den Versuchsteilnehmern kam es zu keinen bleibenden Schäden.

Allerdings fanden diese Versuche nur in einem begrenzten zeitlichen Rahmen statt. Ob ein dauerhafter, wochen- oder monatelanger Traumentzug möglicherweise bleibende negative Einflüsse auf die Hirnstruktur und/oder die Stoffwechselvorgänge im Gehirn hat, ist nicht erforscht. Französische Wissenschaftler haben herausgefunden, dass bei weniger als sieben Stunden Schlaf täglich über längeren Zeitraum offenbar Gehirnsubstanz abnimmt – wie man dies auch bei Schizophrenie beobachtet hat.

Wenn schon einfacher Schlafmangel solche deutlichen Spuren im Gehirn hinterlässt, stellt sich die Frage, wie groß der Einfluss von immer wiederkehrendem oder länger andauerndem Schlafentzug bzw. Traumentzug auf das Gehirn sein mag.

Dennoch besteht wohl berechtigte Hoffnung, dass psychotische Symptome verschwinden und ein Patient ohne Medikamente dauerhaft psychisch stabil bleiben kann, falls im entsprechenden Fall die psychotischen Symptome nicht auf einer Geisteskrankheit, sondern auf einer körperlich bedingten Traum- bzw. Schlafstörung beruhen.

Erfahrungen von Schlafapnoe-Patienten zeigen jedenfalls, dass sich auch in schweren Fällen ein derartig körperlich bedingtes

Schlafproblem mit einer angepassten Schlafmaske einfach beheben lässt. Auch Kinder können übrigens von einer Schlafapnoe betroffen sein – wenn auch seltener. Doch auch Schizophrenie-erkrankungen treten bei Kindern eher seltener auf.

Schützen Sie sich vor Fehldiagnosen. Gehen Sie ins Schlaflabor.